数学游戏王

U0748262

主　　编：黄家琪
美术编辑：郭　晓
插　　画：周　爽　周　航

世界图书出版公司

图书在版编目（CIP）数据

大脑健康操·数学游戏王 / 黄家琪主编. -- 上海:上海世界图书出版公司, 2015.4

ISBN 978-7-5100-9389-0

Ⅰ. ①大… Ⅱ. ①黄… Ⅲ. ①智力游戏 Ⅳ. ①G898.2

中国版本图书馆 CIP 数据核字(2015)第 042280 号

大脑健康操　数学游戏王

黄家琪 主编

上海世界图书出版公司 出版发行

上海市广中路 88 号

邮政编码 200083

北京盛华达印刷有限公司印刷

如发现印刷质量问题，请与印刷厂联系

（质检科电话：010-84897777）

各地新华书店经销

开本：880×1230　1/32　印张：4　字数：78 000

2015 年 4 月第 1 版第 1 次印刷

ISBN 978-7-5100-9389-0/G·0455

定价：15.80 元

http://www.wpcsh.com.cn

http://www.wpcsh.com

丛书前言

我们经常会提醒自己注意锻炼身体，以保持身体健康。然而，很多人忽略了我们的大脑也需要同样的关注和呵护。事实上，大脑也需要经常性的锻炼。经常动脑会改善我们的智力，让大脑长期保持在最佳状态。而做思维游戏，就是最好的锻炼大脑的方法。通过有趣的题目，让你的大脑得到全方位的训练，始终保持活跃状态，在解决问题的同时，也会让你收获成就感与自信心。

锻炼大脑的好处

·保持健康

健脑专家告诉我们：经常动脑的人很少罹患脑部疾病。此外，思维活跃的人往往更长寿。经常做思维游戏，有助于我们保持大脑活力，可以让人信心百倍，精神焕发。

·享受乐趣

解决问题会为人们带来快乐的感觉。这是因为，绞尽脑汁以后终于成功解决一道难题，会给人带来巨大的成就感。通过思维游戏，可以让你感受无比的快乐，同时也让你的大脑越来越活跃，越有自信迎接更多的挑战。

·提升能力

本套《大脑健康操》丛书收录众多经典、有趣、具有独创性的思维游戏，内容丰富、形式活泼。通过挑战这些题目，在享受乐趣的同时，更能充分锻炼你的思维能力，全面激发大脑的观察能力、想象能力、分析能力、创新能力、数学能力以及推理能力。

📖 丛书特色

全彩设计，版式美观大方，每道题目都配有精美的插图，活泼有趣，让读者轻松愉快地完成题目。

题目精挑细选，既有经典的智力题，又不乏新颖、独特的思维游戏。我们力图让书中的每一道题目都独具特色，既有代表性，又有趣味性，让读者充分享受解题的乐趣。

解答详尽，清晰易懂。我们将答案置于题目的背后，方便读者对照。当你被题目难住的时候，希望你多思考，因为即使最后没有做出题目，思考得越多，你看完答案之后的收获也会越大。

👥 适合人群

这是一套**全年龄**向的图书，只要有小学数学水平即可理解绝大部分题目。本书着重于锻炼大脑思维能力，而不是考察读者的知识储备。因此无论是孩子还是大人，无论是你是小学生、中学生还是大学生、上班族，甚至是老年人，本书都适合你的阅读。

📄 题目分类

根据收录题目的类型和侧重点不同，本套丛书分为《智力游戏王》、《创意游戏王》、《逻辑游戏王》和《数学游戏王》四册。对你的大脑而言，每一种类型都是特殊的挑战。

《**智力游戏王**》中收录了很多新颖、有趣、经典的智力题，综合锻炼读者的辨别能力、观察能力、分析能力和解决问题的能力。

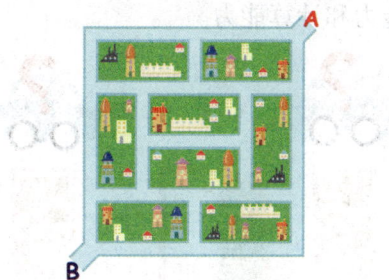

《**创意游戏王**》中有许多需要发挥想象力、巧妙构思、突破常规的智力题，可以锻炼读者的创造性思维、发散思维和逆向思维的能力。

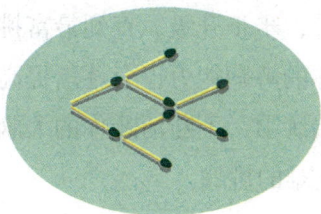

《**逻辑游戏王**》包含了很多需要依靠逻辑推理来解决的逻辑问题、策略问题等，可以锻炼读者严谨的推理能力和逻辑思维能力。

A   B   C   D

《数学游戏王》主要涉及与算术、几何有关的智力题，还有一些有趣的排列组合、概率类问题，着重锻炼读者的数学思维能力、图形观察能力和计算能力。

☆ 难度分级与阅读建议

我们将每本书中的题目分为一星到五星五个级别。五星的最简单，由此循序渐进，步步升级，直到最富挑战性的五星题目。随着难度的增加，你的解题能力也会逐渐提高。我们建议你从最简单的五星题目开始练习，不断活跃你的大脑细胞，然后翻到下一页，接受全新、更难的挑战。

遇到难题时，我们建议你先充分地思考，遇到实在解不出的题目，不妨暂时跳过，或者先休息一下，过一段时间再继续研究，说不定灵感会突然闪现，答案就在眼前。

目录

1 | 新生的年龄

班上新来了一个转学生，介绍到年龄时，她说了这么一段话：

A、我爸爸妈妈的年龄之差是我的年龄。

B、姐姐的年龄是我的 2 倍、妈妈的三分之一。

C、我要达到姐姐的年龄还需要 6 年。

你能算出她今年几岁吗？

6 岁。

姐姐的年龄是我的 2 倍，我要达到姐姐的年龄还要 6 年，所以我是 6 岁，姐姐 12 岁。

另外，姐姐的年龄是妈妈的三分之一，所以妈妈 36 岁，爸爸 42 岁。不过这些都跟问题无关，解题时，要学会排除掉多余的信息。

2 按劳分配

　　A、B、C 三户人家共用一个庭院，三家的主人说好付出相同的时间精力共同种植薰衣草。可是，C 意外受伤了，不能干活。结果 A 干了 5 天，B 干了 4 天，把一个庭院的薰衣草都种完了。C 为了酬谢他们，拿出了 9 枚金币，A、B 两人根据按劳分配的原则分掉了金币。请问 A、B 各自应该拿多少枚金币？

A：6枚；B：3枚。

是不是感觉上应该回答"A： 5枚；B： 4枚"？不过这样是不对的。如果1个人干的话一共是9天的工作量，A、B、C三人平摊的话，应该是一人3天。C的3天工作量，2天分给了A，1天分给了B，所以两人金币分配比例应该为2:1，也就是A分6枚金币，B分3枚金币。

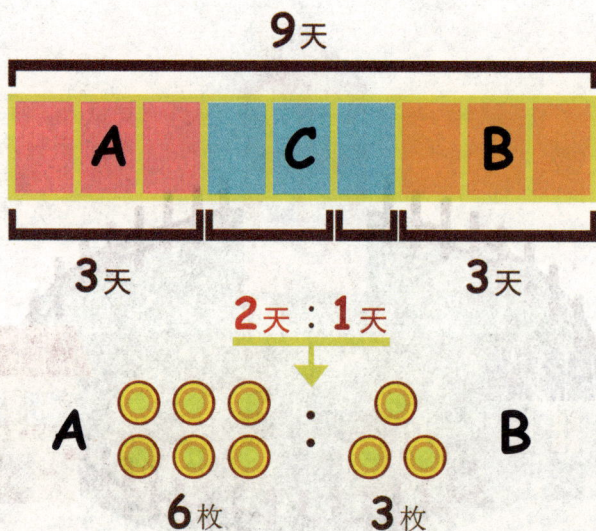

3 | 对角线长

如图，长方形 ABCD 内接于一个四分之一圆的扇形，图中 B 是圆心，求长方形的对角线 AC 的长度。

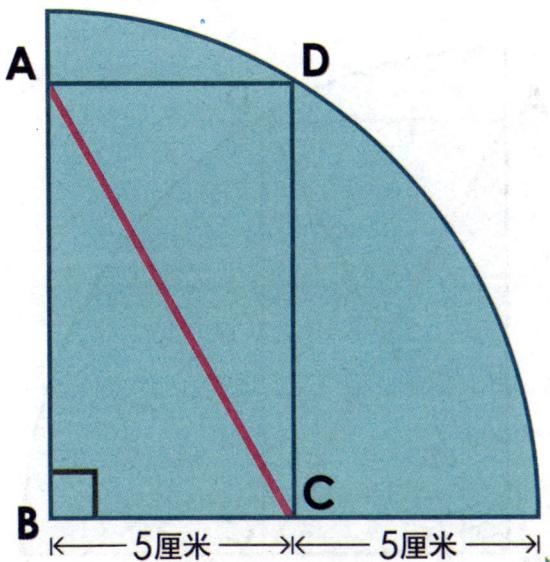

5厘米　　5厘米

AC 的长度为 10 厘米。

长方形的两条对角线长度相等，AC＝BD。因为 BD 是圆的半径，为 5＋5＝10 厘米，所以 AC 也为 10 厘米。

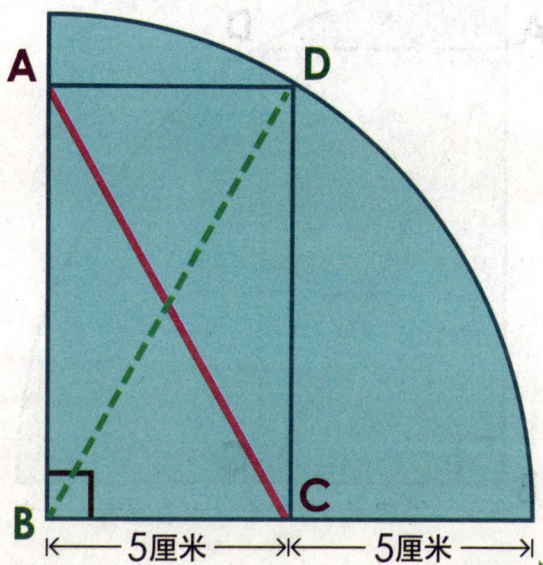

4 | 圆和正方形

如图是依次内接的 3 个正方形和 2 个圆形。根据这个图，你能算出最外侧蓝线描绘的正方形的面积，是内侧红线描绘的正方形的面积的多少倍吗？

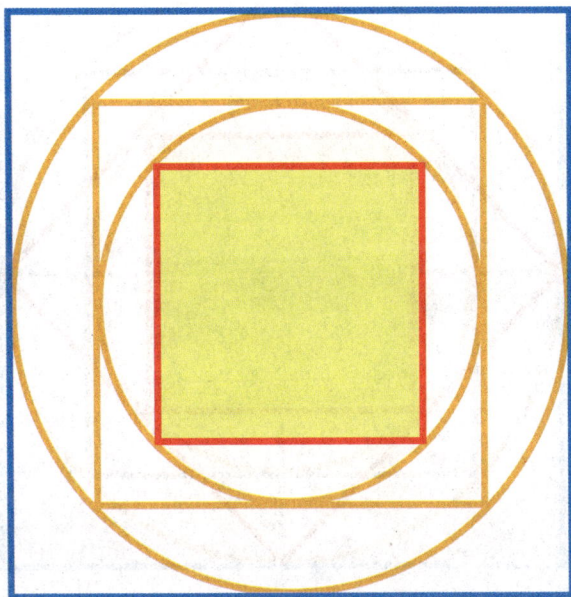

4倍。

如图，把中间的正方形旋转 45 度就很容易理解了。中间的正方形是外侧正方形的一半。内侧的正方形是中间正方形的一半。这也就是说内侧的正方形是外侧的正方形的四分之一。

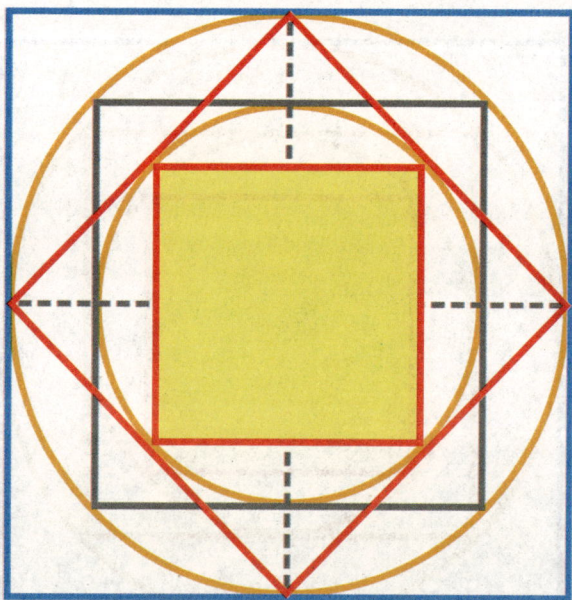

5 三兄弟的年龄

小明、小军、小华是三兄弟。关于他们的年龄，有以下已知条件：

· 小明、小军、小华三个人的年龄相加等于 48。

· 小明与小军的年龄相加等于小华的年龄。

· 6 年以后，小华的年龄是小军年龄的 2 倍。

你知道他们三人各自多少岁吗？

小明 15 岁，小军 9 岁，小华 24 岁。

由前两个条件，小明与小军年龄之和等于小华的年龄，而三者年龄之和为 48，可知小华年龄为 24 岁（48÷2=24），小明与小军年龄之和也为 24。根据第三个条件，6 年后，小华的年龄是 30 岁（24+6=30），是小军年龄的 2 倍，所以那时小军 15 岁，小军现在的年龄是 9 岁（15−6=9），小明年龄为 15 岁（24−9=15）。

6 | 蜗牛爬墙

一只蜗牛，爬一堵 11 米高的墙，墙面很滑，蜗牛每小时只能爬 5 米，而且每爬 1 小时，蜗牛就得休息 1 小时，在它休息的 1 小时里，它又向下滑了 3 米，问蜗牛几小时爬到墙顶？

7 小时。

蜗牛第 1 小时爬到 5 米高处，之后的每个 2 小时里，蜗牛都先下滑 3 米再往上爬 5 米，即每 2 小时爬 2 米。那么爬完剩下的 11 米−5 米=6 米，还需要：2 小时×(6 米÷2 米)=6 小时，即蜗牛一共需要：1 小时+6 小时=7 小时爬到墙顶。

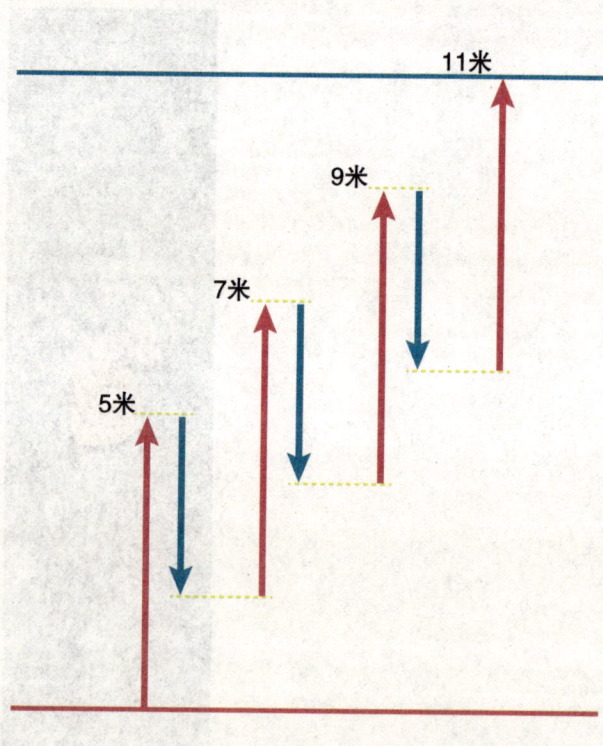

7 怎样还钱

有 A、B、C、D 四个人，他们是好朋友。A 向 B 借了 10 元钱，B 向 C 借了 20 元钱，C 向 D 借了 30 元钱，D 向 A 借了 40 元钱。一次，4 个人聚在一起了，决定把钱还清，他们希望在结算时动用的钱数最少，并且钱移动的次数也最少，请问他们应该如何还钱？

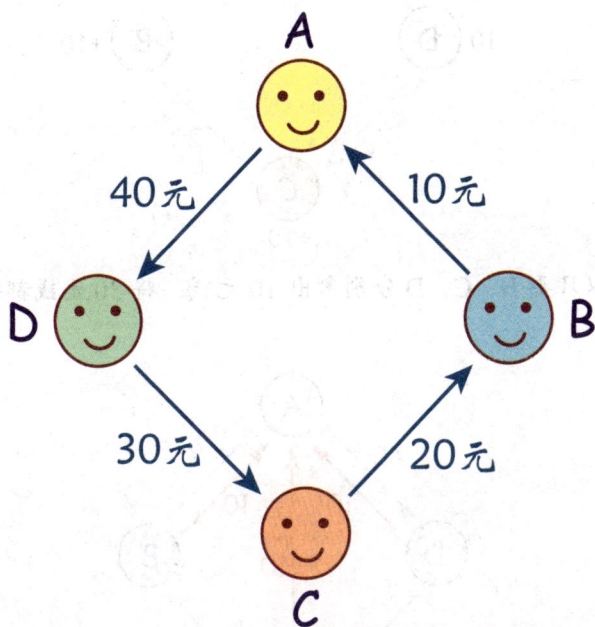

B、C、D 各拿 10 元钱还给 A 即可。

借钱都在 4 人之间进行，根据他们的借钱关系，分别计算 4 人借入或借出的总钱数：A 一共借出了 30 元，B 借入了 10 元钱，C 借入了 10 元钱，D 也借入了 10 元钱。

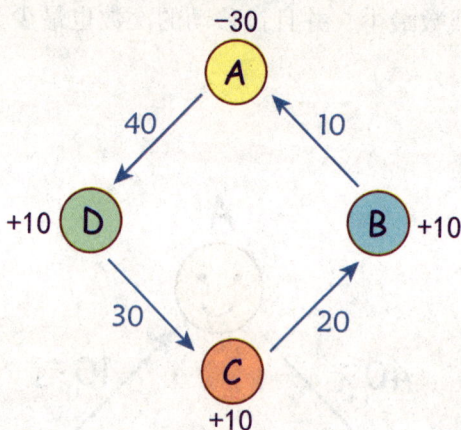

所以只要 B、C、D 分别拿出 10 元钱，将 30 元钱都给 A 即可。

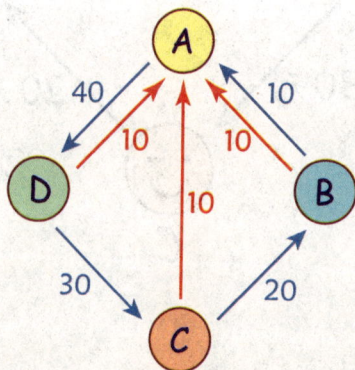

14

8 零花钱

看着商店里标价为 12 元的布娃娃，店外的甲、乙、丙三个小女孩在商量如何才能买到一个。

甲：如果我和丙把自己每周的零花钱全都拿出来，2 周之后就能买一个了。

乙：我和丙一起的话要用 3 周。

丙：你们两个一起的话就要用 6 周的时间。

根据她们说的话，你能算出乙每周有多少零花钱吗？

12.00元

乙每周的零花钱是0。

买 12 元的布娃娃，甲和丙要 2 周，12÷2=6，所以甲和丙每周的零用钱一共是 6 元；

乙和丙一共是 12÷3=4 元，结合上一个条件可知甲比乙多 2 元；

甲和乙一共是 12÷6=2 元，所以甲是 2 元，乙是 0 元。乙每周根本没有零用钱。

9 | 数独（1）

　　将数字填入每一个单元格内，使得这个包含 9×9 个单元格的区域中，每一行、每一列、每一个小九宫都包含 1~9 九个数字，不能重复。

2			1	8				4
7	9				2			
			7		3		5	6
9		6			1	7	3	
		8		2		6		
	7	2	6			8		5
8	5		9		6			
		5					9	3
1				7	4			8

📖 **提示** 数独的规则与常用解法请参考本书第 117 页的附录。

如图所示。

2	6	3	1	8	5	9	7	4
7	9	5	4	6	2	3	8	1
4	8	1	7	9	3	2	5	6
9	4	6	8	5	1	7	3	2
5	1	8	3	2	7	6	4	9
3	7	2	6	4	9	8	1	5
8	5	4	9	3	6	1	2	7
6	2	7	5	1	8	4	9	3
1	3	9	2	7	4	5	6	8

10 | 令人迷惑的薪水

　　A、B 两个公司都贴出了招聘启事，除了以下两点不同外，其他条件都一样。那么从收入方面考虑，选择哪个公司比较好呢？

　　A 公司：年薪 10 万元，每年 2 万元的加薪。

　　B 公司：半年薪 5 万元。每半年 0.5 万元加薪。

A公司　　　　　　B公司

up　　　　　　　up

每年2万元加薪　　每半年0.5万元加薪

选择 B 公司比较好。

表面上看，好像 A 公司还好一点，两个公司的年薪一样，A 公司的加薪还比 B 公司多。实际计算一下，就会发现 B 公司每年会多 0.5 万元：

第 1 年：

A：10 万元

B：5 万元+5.5 万元=10.5 万元

第 2 年：

A：12 万元

B：6 万元+6.5 万元=12.5 万元

第 3 年：

A：14 万元

B：7 万元+7.5 万元=14.5 万元

11 蜗牛赛跑

两只蜗牛进行百米赛跑。当甲蜗牛到达终点时，乙蜗牛才跑了 90 米。现在让甲蜗牛的起跑线退后 10 米，两只蜗牛再同时起跑。如果两只蜗牛的速度不变，那么甲、乙两只蜗牛能同时到达终点吗？

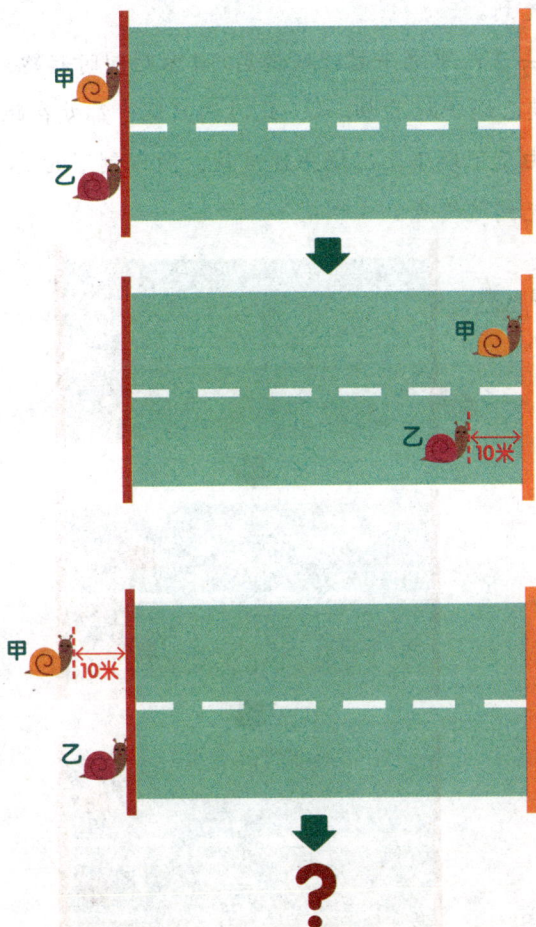

不能。甲蜗牛先到终点。

思考方法 1：甲蜗牛跑 100 米，乙蜗牛跑 90 米，所以甲蜗牛的速度是乙蜗牛的 10/9 倍，即相同的时间内，甲蜗牛跑的距离是乙的 10/9 倍。甲起跑线退后 10 米，到终点共跑了 110 米，这段时间内乙蜗牛跑了 110÷10/9=99 米。距离终点线还差 1 米，所以甲蜗牛先到。

思考方法 2：甲蜗牛起跑线退后 10 米后同时起跑，它跑了 100 米的时候乙蜗牛跑了 90 米，此时两只蜗牛都处在距终点 10 米的位置。由于甲蜗牛比乙蜗牛速度快，所以剩下的 10 米甲蜗牛先跑完，先到达终点。

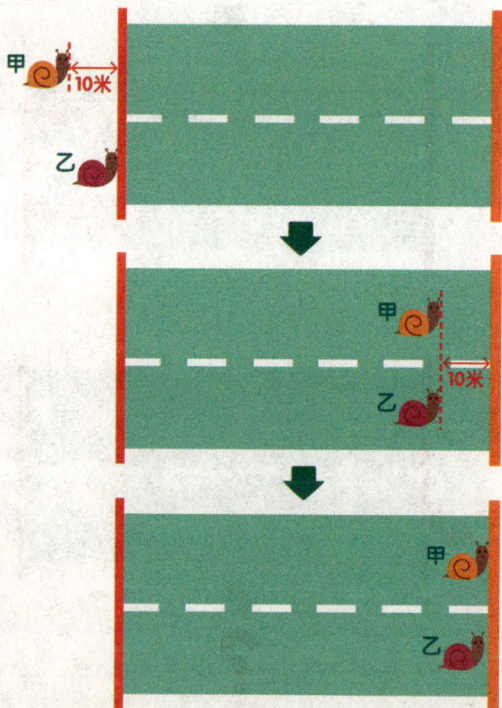

12 | 24 点游戏（1）

24 点是一种方便易行，又十分有趣的益智游戏。在游戏中，要把 4 个整数（一般是正整数）通过加、减、乘、除以及括号运算，使最后的计算结果等于 24。24 点可以锻炼智力和数学敏感性，还能提高心算能力。

24 点可以用扑克牌来进行游戏，一副牌中去掉大小王后（初学者还可以去掉 J、Q 和 K），任意抽取 4 张牌（称为牌组），用牌面上的数字来算 24。

以下是三道 24 点的题目，你可以先用他们练练手，怎么样，你能算出 24 点吗？

(1)

(2)

(3)

（1）6×3+3+3=24。

（2）(5−2)×8×1=24。

（3）(7+5)×(4−2)=24。

注：答案并不唯一，此处仅给出一种供读者参考。

13 乒乓球锦标赛

　　某乒乓球俱乐部举办了一次大规模的乒乓球单打锦标赛，共有 49 人参加。大赛采用单淘汰制，除了产生冠亚军外，还要打一场三四名决赛，决定季军的归属。那么请问，这场锦标赛一共要打多少场比赛？

一共要打 49 场比赛。

解法 1：

比赛一共要打 6 轮，由于不足 64 人，所以第 1 轮有 64-49=15 人轮空，另外的 34 人打 17 场比赛，决出 32 强；第二轮打 16 场比赛，决出 16 强；第三轮打 8 场比赛，决出 8 强；第 4 轮 4 场比赛，决出 4 强；第 5 轮是 2 场半决赛；最后 1 轮是 1 场冠亚军决赛，外加 1 场三四名决赛。所以一共要打 17+16+8+4+2+1+1=49 场比赛。

解法 2：

由于每一场比赛淘汰掉一个人，要产生冠军，需要淘汰掉 48 人，所以一共要打 48 场比赛。另外还有 1 场三四名决赛，所以一共要打 49 场比赛。

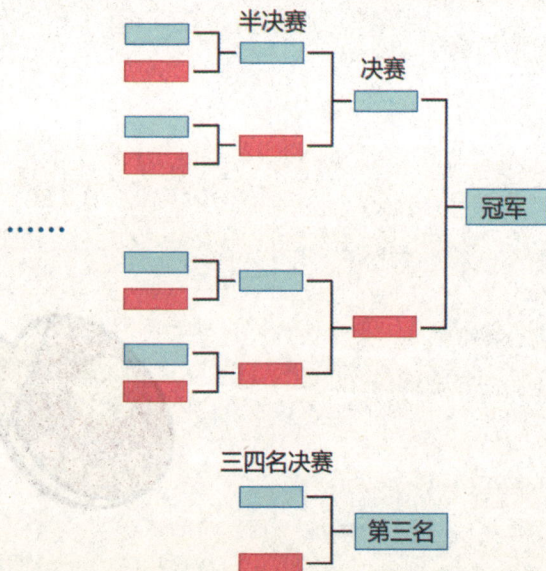

14 哪条线段最短

　　用一条线段将一个四分之一圆分成面积相等的两份，下图给出了三种方法。那么这三条线段中，哪条最长，哪条最短呢？

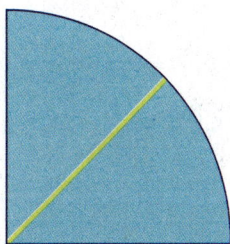
①

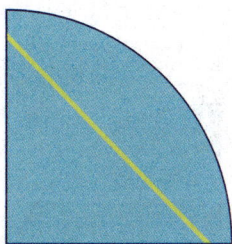
②

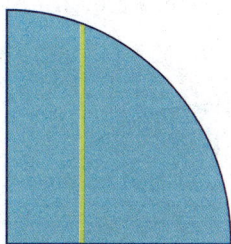
③

线段长度为：②>①>③。

第一种方法的线段长度等于圆的半径。

第二种方法的线段长度显然大于半径，因为红色线段和半径长度相等。

第三种方法的线段长度显然小于半径。

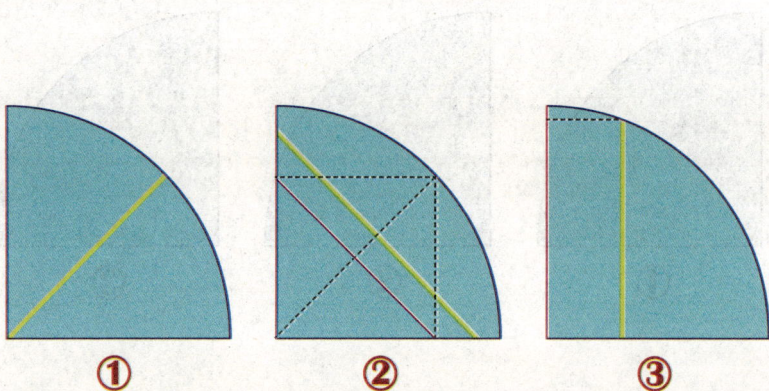

① ② ③

15 鸡兔同笼

有若干只鸡和兔子关在同一个笼子里。从上面数，共有35个头，从下面数，共有94只脚。请问笼子里有多少只鸡，多少只兔子？

提示 鸡有2只脚，兔子有4只脚。

23 只鸡，12 只兔子。

解法 1：

有 35 个头，说明鸡和兔子一共是 35 只。假设全是鸡，35 只应该是 70 只脚，比 94 只少了 24 只脚。然后把其中一部分鸡换成兔子，每换 1 只，增加 2 只脚，要增加 24 只脚，共需要换 24÷2=12 只，还剩下 35-12=23 只鸡。所以笼子中共有 12 只兔子，23 只鸡。

解法 2：

可以这样想象，假如有个饲养员下了一个命令：所有动物抬起 2 只脚。于是所有兔子都抬起 2 只前脚，只用后脚着地，而所有的鸡都把两脚一抬，一屁股坐了下去。因为一共有 35 只动物，共抬起了 35×2=70 只脚，地上还有 94-70=24 只脚，都是兔子的后脚，一只兔子有 2 只后脚，所以一共是 24÷2=12 只兔子，35-12=23 只鸡。

16 数独（2）

将数字填入每一个单元格内，使得这个包含 9×9 个单元格的区域中，每一行、每一列、每一个小九宫都包含 1~9 九个数字，不能重复。

	3	4		8				5
2		8		1		6		9
			4		2		1	
		2		4			6	3
7			5		3			2
3	8			9		7		
	9		8		6			
6		5		3		8		1
8				7		4	9	

提示 数独的规则与常用解法请参考本书第 117 页的附录。

如图所示。

1	3	4	6	8	9	2	7	5
2	5	8	3	1	7	6	4	9
9	6	7	4	5	2	3	1	8
5	1	2	7	4	8	9	6	3
7	4	9	5	6	3	1	8	2
3	8	6	2	9	1	7	5	4
4	9	1	8	2	6	5	3	7
6	7	5	9	3	4	8	2	1
8	2	3	1	7	5	4	9	6

17 数字转盘

你能把 1~11 这 11 个数字填到下面这个转盘上，使每条线上的 3 个数字相加之后都等于 18 吗？

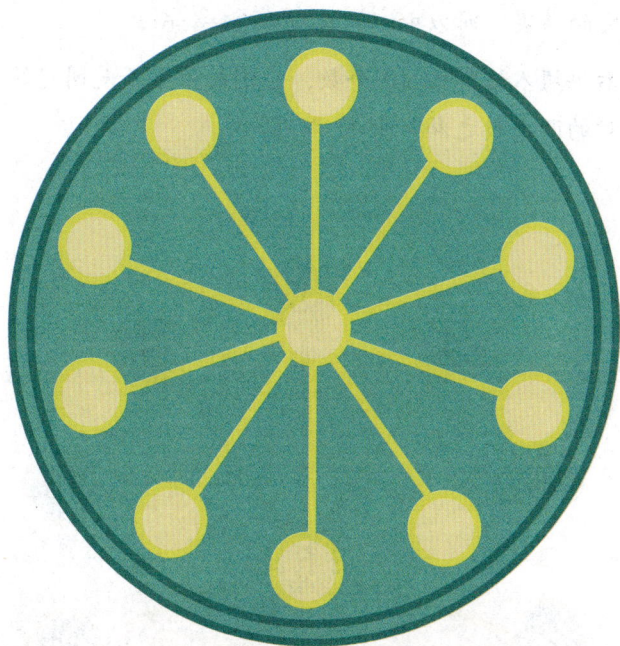

如图所示。

这道题的关键是确定中心的数字。

每条线上的 3 个数字之和都是 18，把 5 条线的数字都加起来和是 90。其中，中心的数加了 5 次，其余的数都加了 1 次。1~11 这 11 个数字之和为 66，多出来的 90-66=24 是中心的数多加了 4 次的结果，所以中心的数应为 24÷4=6。

然后再填入边缘的 10 个数，它们的位置不是固定的，只要保证相对的两个数之和等于 12 即可。

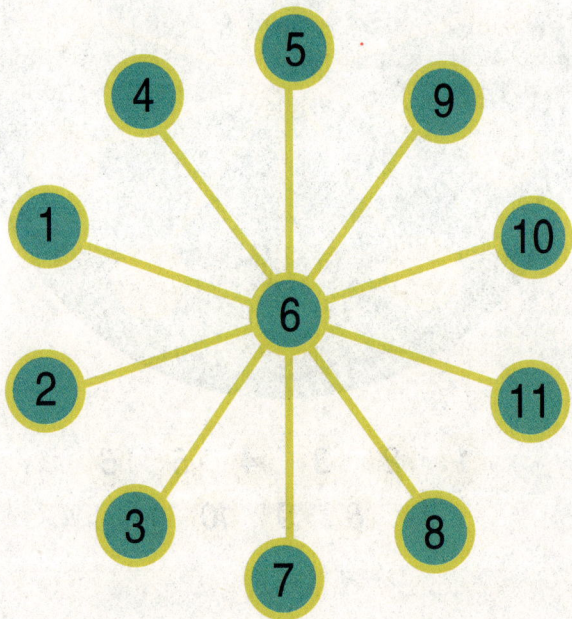

18 | 第三个半价

水果店卖三种水果，其中橙子 1 块钱一个、苹果 2 块钱一个、菠萝 3 块钱一个。相同的水果买了 2 个以后，从第 3 个开始只售半价。某人买了 6 个水果，共支付了 9.5 元，你能推断出他每种水果分别买了多少个吗？

橙子 ： 1元

苹果 ： 2元

菠萝 ： 3元

买了 3 个橙子、2 个苹果、1 个菠萝。

因为出现了 0.5 元这样的零头，因此橙子或菠萝一定买了 3 个或以上。如果菠萝买了 3 个，一共是 3+3+1.5=7.5 元，剩下的 2 元不够买 3 个水果。所以只能是橙子买了 3 个（不可能是 5 个橙子，因为 5 个橙子一共是 1+1+0.5+0.5+0.5=3.5 元，再买一个水果也凑不齐 9.5 元），3 个橙子是 1+1+0.5=2.5 元，剩下的钱买 2 个苹果和 1 个菠萝，正好 2+2+3=7 元。

1元   1元   0.5元

2元   2元

3元

19 粗心的游客

　　一群粗心的人外出度假，他们每个人都带有行李、机票、旅行支票、钱包四种物品。到达度假村时，他们才发现很多物品都在途中遗失了。下图是四种物品的遗失率。你能计算出至少有百分之多少的游客，他们所带的四种物品都遗失了吗？

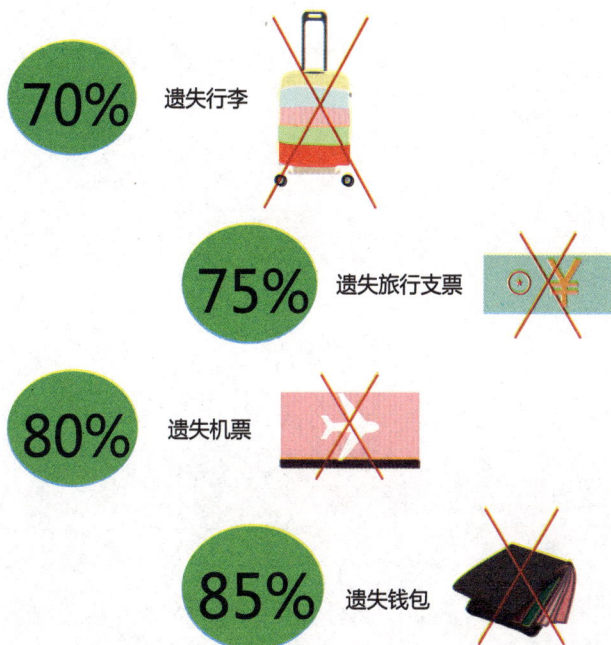

70% 遗失行李

75% 遗失旅行支票

80% 遗失机票

85% 遗失钱包

至少有 10% 的游客遗失了四种物品。

有 30% 的人没有遗失行李，25% 的人没有遗失机票，20% 的人没有遗失旅行支票，15% 的人没有遗失钱包。将这些数字相加，可知最多有 90% 的人没有遗失某种物品。所以，至少有 10% 的人遗失了全部四种物品。

20 九宫格

这是一个传统的九宫格游戏，要求把 1~9 九个数字分别填入 9 个格子中，使任意横向、纵向、对角线三个格子里的数字之和都相等。你能填对吗？

提示 横向、纵向、对角线的三个格子的数字之和都等于 15。

如下图所示。

对于九宫格，在我国古代就流传有这样的口诀：二四为肩，六八为足，左三右七，戴九履一，五居中央。记住这个口诀就能快速的填写九宫格了。

需要注意的是，古代的文字书写是从上往下，从右往左写的，所以填写"二四为肩"时，2 在右边，4 在左边；同理，6 在右边，8 在左边。

21 | 长方形蛋糕

一个长方形蛋糕，蛋糕内部有一块长方形的空洞。怎么才能一刀将蛋糕切成面积完全相等的两块呢？

经过长方形中心的直线一定平分长方形的面积。

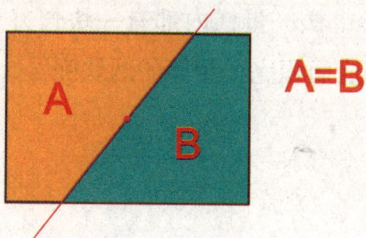

A=B

　　过大长方形和空心长方形各自的中心画一条直线，这条线显然平分了两个长方形，它们的差当然也是相等的。沿着这条直线切蛋糕即可。

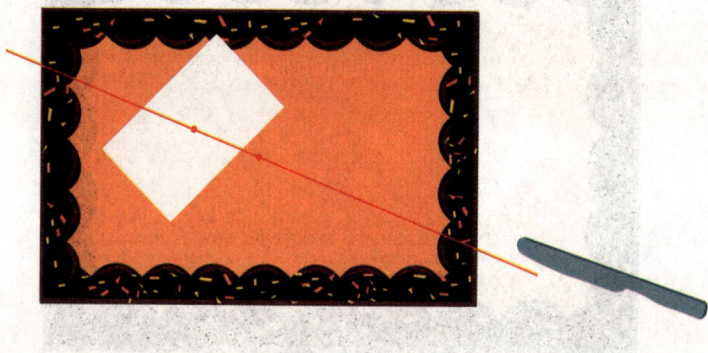

難度 ★★★☆☆

22 | 数独（3）

将数字填入每一个单元格内，使得这个包含 9×9 个单元格的区域中，每一行、每一列、每一个小九宫都包含 1~9 九个数字，不能重复。

1	9			8			6	7
	8	6		7	3			
4								2
	5			3			2	
	7	2		1	5			
	8			6			7	
6								8
		2	9		4	7		
7	3			2			4	5

数独的规则与常用解法请参考本书第 117 页的附录。

如图所示。

1	9	3	5	8	2	4	6	7
5	2	8	6	4	7	3	1	9
4	7	6	3	1	9	8	5	2
9	5	4	7	3	8	6	2	1
3	6	7	2	9	1	5	8	4
2	8	1	4	6	5	9	7	3
6	4	5	1	7	3	2	9	8
8	1	2	9	5	4	7	3	6
7	3	9	8	2	6	1	4	5

23 | 除法算式

下面是一个除法的计算式，每一个字母都代表一个 0~9 之间的数字，你能将字母替换成它们代表的数字，使这个计算式成立吗？

```
              F    D    C
         ┌─────────────────
A   B   │ G    H    C    B
          A    B
         ─────────
          F    F    C
          F    E    E
         ─────────
               F    C    B
               F    C    B
              ─────────
                         0
```

如图所示。

商的百位与除数相乘，$F \times \overline{AB} = \overline{AB}$，可知 $F=1$；第二次相减，$\overline{11C} - \overline{1EE} = \overline{1C}$，可知 $E=0$；

商的十位与除数相乘，$D \times \overline{AB} = 100$，且 $B \neq 0$，那只有 4×25 这一种可能，即 $D=4$，$A=2$，$B=5$；

第一次相减，$\overline{GH} - 25 = 11$，可知 $G=3$，$H=6$；

商的个位与除数相乘，$C \times 25 = \overline{1C5}$，试验可知，只能 $C=7$。

所以 $A=2$，$B=5$，$C=7$，$D=4$，$E=0$，$F=1$，$G=3$，$H=6$。

```
            1 4 7
        ┌─────────
    2 5 │ 3 6 7 5
          2 5
        ─────────
          1 1 7
          1 0 0
        ─────────
            1 7 5
            1 7 5
        ─────────
                0
```

24 | 有名的数列

（1）这是一个有名的数列，你能看出其中的规律吗，问号处代表的数是什么呢？

1，1，2，3，5，8，13，21，？

（2）下面这个数列，你能找出其中的规律，写出问号处代表的数字吗？

1，11，21，1211，111221，312211，？

(1) 34；（2) 13112221。

(1) 这个数列叫做斐波那契数列，它的规律是，从第 3 个数开始，每一个数等于前面两个数字之和：

1，1，2，3，5，8，13，21，34，…

这个数列有很多有趣的数学性质，例如：

①这样一个完全是自然数的数列，通项公式居然是用无理数来表达的。随着数列项数的增加，前一项与后一项之比越来越逼近黄金分割的数值，约等于 0.618。

②从第 2 项开始，每个奇数项的平方都比前后两项之积多 1，每个偶数项的平方都比前后两项之积少 1。

(2) 这个数列常被称为外观数列，它的规律是，从第 2 个数开始，每一个数描述上一个数中的数字分布，例如：

第 2 项是 11，其中有 2 个 1，所以第 3 项是 21；

第 3 项中有 1 个 2，1 个 1，所以第 4 项是 1211；

第 4 项中有 1 个 1，1 个 2，2 个 1，所以第 5 项是 111221；

以此类推，第 6 项是 312211，其中有 1 个 3，1 个 1，2 个 2，2 个 1，所以下一项是：13112221。即：

1，11，21，1211，111221，312211，13112221，…

这个数列同样有一些有趣的性质，例如：

①这个数列中的项只包含 1、2、3 三个数字，一定不会出现 4 或大于 4 的数字。

②随着数列项数的增加，后项数字的位数与前项数字的位数之比趋近于一个常数，称为康威常数，约等于 1.306。

25 | 合理放牧

　　某村有一块草场，假设每天草都均匀生长。这片草场经过测算可供 100 只羊吃 200 天，或可供 150 只羊吃 100 天。问：如果放牧 250 只羊可以吃多少天？放牧这么多羊对吗？为防止草场沙化，这片草场最多可以放牧多少只羊？

250 只羊可以吃 50 天。放牧这么多羊是不对的，这片草场最多放牧 50 只羊。

100 只羊吃 200 天能把草吃完，由于草均匀生长，可知 100 天的时候，草刚好吃完一半。而 150 只羊 100 天能把草吃完，可见多出的 50 只羊在 100 天正好吃完一半草（不算生长部分），所以 50 只羊 200 天能把草吃完（不算生长部分）。而算上生长的部分，100 只羊能吃 200 天，可见生长的草可供 50 只羊吃。所以为了防止草场沙化，最多放牧 50 只羊。

如果放牧 250 只羊，50 只羊吃生长部分，剩下部分，200 只羊吃的话，50 天就能把草吃完。

26 数字金字塔（1）

这是一座数字金字塔，图中每一个格子的数字都是下一层两个相邻格子的数字之和。根据图中已经给出的数字，你能计算出其他空白格子中的数字吗？

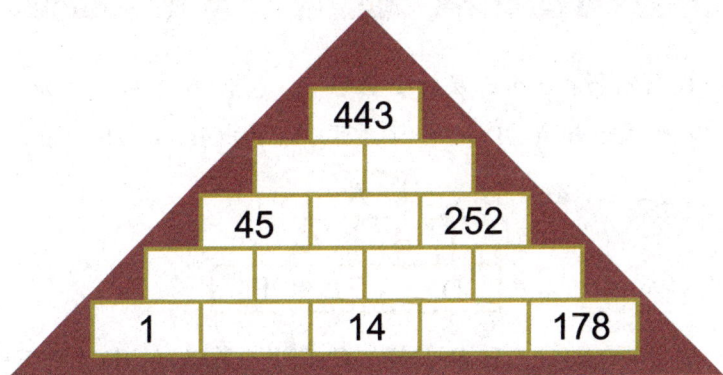

如下图所示。

```
                443
            118     325
         45     73      252
      16     29     44      208
    1     15     14     30      178
```

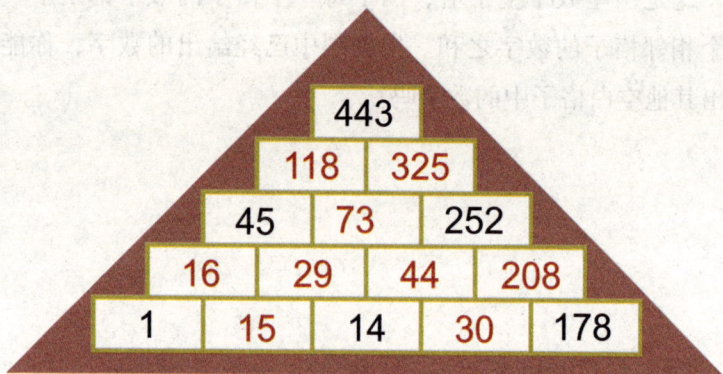

我们先来看一个三层的小金字塔，包含 6 个格子，如下图所示。如果已知 A、D、F，那么可以计算出 B、C、E 的值。

```
          A
       B     C
    D     E     F
```

因为 A=B+C，而 B=D+E，C=E+F，所以 A=(D+E)+(E+F)=D+F+2E，所以 E=(A−D−F)÷2，求出 E 之后，B 和 C 的值也可以得到了。

利用这个技巧，数字金字塔不难完成。

27 破损的月历

有一张月历被撕坏了，只剩下如图所示的部分。图中圆圈圈起来的上下两行 4 个日期，加起来的和是 20，其中最小的数字是 1。如果把这张月历复原，然后和上面的做法一样，把某个位置的上下两行的 4 个日期圈起来，相加的和是 88，那么你能说出这 4 个日期中最小的数字是多少吗？

Sun	Mon	Tue	Wed
1	2	3	
8	9	10	1
15	16	17	
22	23	2	
29	30		

27 答案

仔细观察月历上的数字，就会发现规律：左右相邻的日期之间相差 1，上下相邻的日期之间相差 7。圆圈圈起来的 4 个日期，上下两行之间相差 14。4 个日期相加的和是 88 的话，上一行的两数之和应该是 37，下一行是 51。上一行的两数相差 1，所以左上角的数是 18，右上角的数是 19。即最小的数字是 18，如图所示。

Sun	Mon	Tue	Wed	Thu	Fri	Sat
1	2	3	4	5	6	7
8	9	10	11	12	13	14
15	16	17	18	19	20	21
22	23	24	25	26	27	28
29	30	31				

28 数独（4）

将数字填入每一个单元格内，使得这个包含 9×9 个单元格的区域中，每一行、每一列、每一个小九宫都包含 1~9 九个数字，不能重复。

			7		3			
	7	6	8	2	1	5	9	
2								8
8			3		5			1
	4						8	
6			4		7			9
4								3
	9	3	1	5	8	4	2	
			6		4			

提示 数独的规则与常用解法请参考本书第 117 页的附录。

如图所示。

9	5	8	7	4	3	1	6	2
3	7	6	8	2	1	5	9	4
2	1	4	5	6	9	7	3	8
8	2	7	3	9	5	6	4	1
5	4	9	2	1	6	3	8	7
6	3	1	4	8	7	2	5	9
4	6	5	9	7	2	8	1	3
7	9	3	1	5	8	4	2	6
1	8	2	6	3	4	9	7	5

29 矩形与数字

在下面的图形组合中，每个矩形都表示一个数字（1~9），并且每个矩形代表的数字均不相同。当两个矩形重叠在一起时，重叠区域的数字等于两个矩形的数字之和，图中有些数字已经标明。根据已知条件，你能计算出 A 到 E 五个矩形所代表的数字吗?

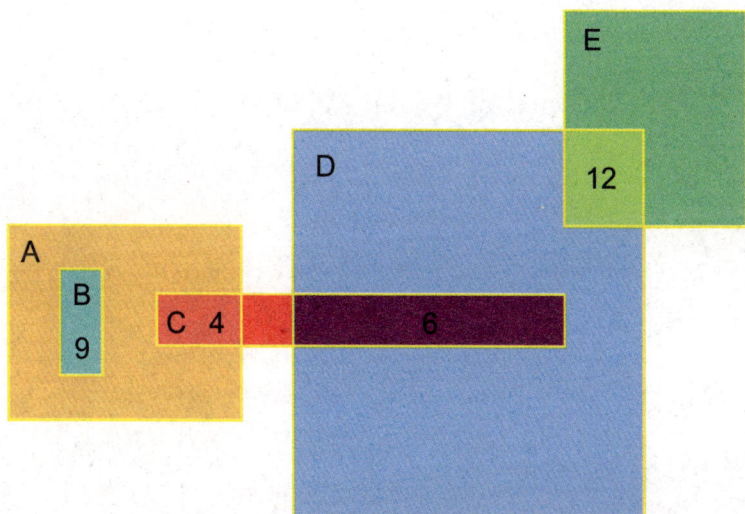

A=3，B=6，C=1，D=5，E=7。

根据图形，我们可以知道以下关系：

A+B=9，A+C=4，C+D=6，D+E=12。

因为 A+C=4，所以 C 必然是 1 或者 3（它不可能是 2，因为前提条件是每个矩形的数字各不相同，所以 A 与 C 都不可能是 2）。又因为 C+D=6，所以 C 不可能是 3，否则 D 也是 3，与 C 相同。所以只能 C=1，于是 A=3。再根据 A+B=9、C+D=6 和 D+E=12，可得 B=6、D=5、E=7。

30 | 方阵表演

　　某班级的全体同学正在操场上练习为运动会准备的方阵表演。体育老师发现，如果 2 人一行，最后一行会少 1 个人；如果 3 人一行，最后一行还是少 1 个人；又尝试 4 人一行、5 人一行，都是最后一行少 1 个人。你能算出这个班级一共有多少学生吗？已知这个班级的学生不超过 100 人。

59 人。

假设再给这个班级加进 1 人，那么以 2、3、4、5 人为一行，都能站成方阵，所以此时的人数是 2、3、4、5 的公倍数，2、3、4、5 的最小公倍数是 60，可能的人数是：

60，120，180，240，…

减掉加进来的 1 个人，该班级的实际人数可能是：

59，119，179，239，…

由于已知班级学生数不超过 100，所以该班级的学生为 59 人。

31 正方形的边长

请看下面这个图形，这是一个直角三角形，绿色部分为一个正方形，根据图中的数据，你能求出这个正方形的边长吗？

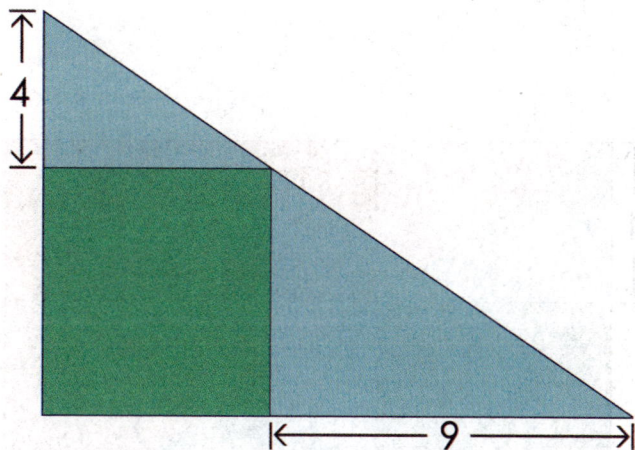

61

　　把图形补充为一个长方形。根据长方形的性质，两个大的直角三角形面积相同，另外 A 的面积与 B 的面积相同，C 的面积与 D 的面积相同。于是我们得到，绿色部分与右上角的红色小长方形面积相同，而后者的面积应该是 36。即正方形的边长应该等于6。

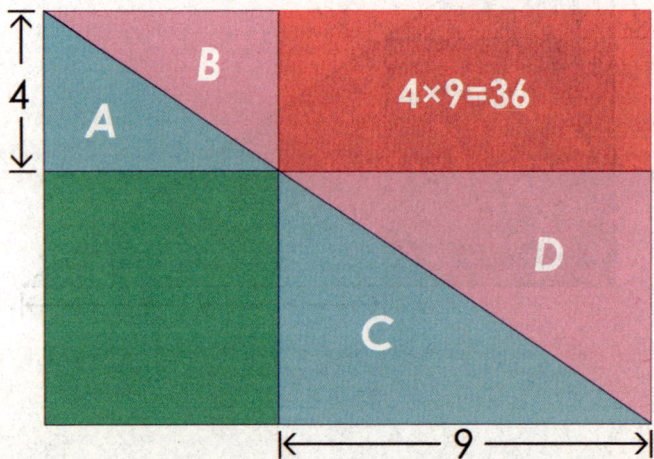

32 | 赌徒与金币

　　两个赌徒 A 与 B 一起赌钱玩骰子。他们事先每人拿出 6 枚金币，约定谁先胜三局谁就可以得到全部的 12 枚金币。比赛开始后，A 胜了一局，B 胜了两局。这时一件意外的事中断了他们的赌博。于是，他们商量该怎样合理分配这 12 枚金币。A 认为，根据胜的局数，他自己应得总数的 1/3，即 4 枚金币，B 应得总数的 2/3，即 8 枚金币。但 B 认为他赢的可能性大，所以他应该得全部赌金。两个赌徒争执不下，只好找数学家 C 来评判，C 裁决之后认为 A 应分 3 枚金币，B 应分 9 枚金币。你认为数学家 C 的分配方案合理吗？依据是什么呢？

1 ： **2**

合理。

　　前三局 B 以 2:1 领先，接下来的第四局，A 和 B 获胜的概率都是 1/2。如果 B 获胜，他将得到全部金币。如果 A 获胜，将进行最后的第五局，第五局两人的获胜的几率也都是 1/2，胜者将获得全部金币。A 赢得赌局的概率是 1/2×1/2=1/4，B 赢得赌局的概率是 1/2+1/2×1/2=3/4。所以 A 应该分得 1/4 的金币，也就是 3 枚，B 分得 3/4 的金币，也就是 9 枚。

33 | 24 点游戏（2）

24 点通常是使用扑克牌来进行游戏的，一副牌中抽去大小王后还剩下 52 张（A 代表 1，J 代表 11，Q 代表 12，K 代表 13，如果是初学者也可只用 1 ~ 10 这 40 张牌），任意抽取 4 张牌（称为牌组），用加、减、乘、除（可加括号）把牌面上的数算成 24，每张牌必须用一次。

读者朋友不妨找一副扑克牌来自己试试，可以自己玩，也可以跟小伙伴们一块玩，看谁算得快。在此之前，你可以先试试下面的三道题目，比之前的 24 点题目难度略高一点。

(1)

(2)

(3)

33 答案

（1）(10−7)×6+6=24。

（2）(12÷3)×(11−5)=24。

（3）5×5−(10÷10)=24。

注：答案并不唯一，此处仅给出一种供读者参考。

34 | 男孩还是女孩

（1）一个家庭有两个小孩，已知其中一个是女孩，假定生男生女的概率一样，请问另一个也是女孩的概率是多少？

（2）一个家庭已经有一个女孩，假定生男生女的概率一样，那么生第二个小孩也是女孩的概率是多少？

（1）两个小孩的性别可能为以下四种情况：

①男、男

②女、女

③男、女

④女、男

四种情况概率相同。由于已知其中一个是女孩，故排除情况①。剩下的三种情况中，只有情况②的另一个小孩是女孩，所以另一个小孩也是女孩的概率是 1/3。

（2）第一个小孩的性别不影响第二个小孩的性别，由于生男生女概率一样，所以第二个小孩也是女孩的概率是 1/2。

注意这两道题的条件是不同的，所以结果也不同。

35 数独（5）

将数字填入每一个单元格内，使得这个包含 9×9 个单元格的区域中，每一行、每一列、每一个小九宫都包含 1~9 九个数字，不能重复。

			6				1	7
	4		2	5				3
8			1			6		
2				7				1
		9				8		
4				6				2
		2			3			9
5				9	6		7	
9	6				5			

提示 数独的规则与常用解法请参考本书第 117 页的附录。

69

如图所示。

3	2	5	6	8	9	4	1	7
6	4	1	2	5	7	9	8	3
8	9	7	1	3	4	6	2	5
2	5	6	9	7	8	3	4	1
1	7	9	3	4	2	8	5	6
4	3	8	5	6	1	7	9	2
7	8	2	4	1	3	5	6	9
5	1	3	8	9	6	2	7	4
9	6	4	7	2	5	1	3	8

36 数字电子钟

车站大厅里有一个电子时钟，它是 12 小时制的，正午、凌晨的 12 点都显示为 12:00。一天，电子时钟显示的时间如图所示，正好有 3 个相同的数字连续排列。现在请你计算一下，这种相同数字连续排列 3 个或 3 个以上的情况，在一天当中会发生多少次呢？

03:33

34 次。

如下图所示，这是从 0 点到 12 点的相同数字连续排列 3 个或 3 个以上的情况，一共有 17 种。时钟是 12 小时制的，所以一天内（24 小时）的总次数为：17×2=34。

01:11 02:22 03:33 04:44 05:55

10:00 11:11 12:22 11:10 11:12

11:13 11:14 11:15 11:16 11:17

11:18 11:19

× 2 (上午+下午)
=
34

72

37 | 象棋循环赛

老王参加了一场单循环赛制的象棋比赛，但是他中途有急事，只下了几局之后就弃权了。已知这次比赛一共进行了 38 局对决，老王是唯一一位弃权的选手。那么老王是在下了几局以后弃权的呢？

注：所谓单循环赛制，是指在比赛中任意两位选手均能相遇一次，最后根据每名选手在比赛中的得分和胜负场次来决定名次。

	XX	老王	XX	XX	XX
XX					
老王					
XX					
XX					
XX					

2局。

单循环比赛需要进行的比赛局数由参赛选手的数量来决定，可以用以下公式求出：

比赛局数=参赛人数(参赛人数−1)÷2。

这是因为，每个人都要与其他选手进行一场比赛，假设参赛总人数是n，那么每人要参加n−1场比赛。一共是n个人，就是 n(n−1)，由于一场比赛有两人参加，每场比赛计算了两次，所以要除以2，因此比赛总场数 x=n(n−1)÷2。

回到这道题目，根据上面的公式，如果是 9 个人的话，应该下 36 局，10 人的话是 45 局。实际进行的局数是 38，在两者之间，可见一共有 10 人参赛，少赛了 7 局，就是老王弃权的局数。10 人的比赛，每人应该下 9 局，可见老王下了 2 局就离开了比赛。

$$X=n(n-1)\div 2$$

45 - 38 = 7
9 - 7 = 2

38 口香糖调查报告

口香糖公司委托吉姆调查市场上的顾客对口香糖口味的喜好，以下是吉姆提交的报告：

接受调查的人数：300 人。

喜欢柠檬口味口香糖的人数：206 人。

喜欢薄荷口味口香糖的人数：230 人。

两种口味都喜欢的人数：145 人。

两种口味都不喜欢的人数：12 人。

当口香糖公司认真研究过这份报告以后，十分生气并立刻解除了跟吉姆的合作关系，原因是报告中人数统计不正确，公司怀疑吉姆伪造了调查数据。那么，你能找出这份调查报告中的错误吗?

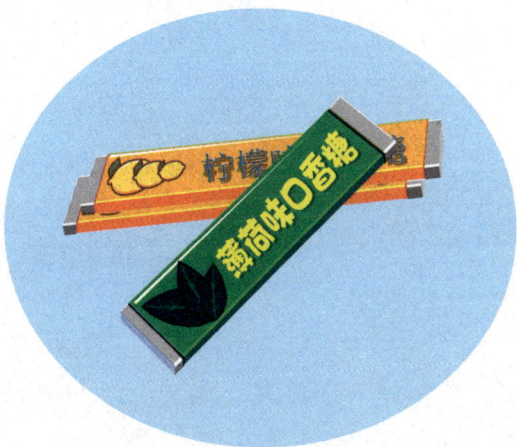

参加调查的顾客可以分为不重合的 4 类人：只喜欢柠檬口味的、只喜欢薄荷口味的、两种口味都喜欢的、两种口味都不喜欢的。

我们来分析一下这份报告：

在喜欢柠檬口味的人中，只喜欢柠檬口味的是 61 人（206−145=61）。

在喜欢薄荷口味的人中，只喜欢薄荷口味的是 85 人（230−145=85）。

再加上两者都喜欢的 145 人和两者都不喜欢的 12 人，一共应该是 303 人（61+85+145+12=303）。

而报告中显示接受调查的人数是 300 人。两者矛盾。

39 饼干与糖果

有 3 个盒子，分别放有 2 份点心。第一个盒子放有 2 份饼干，第二个放有饼干和糖果各 1 份，第三个放有 2 份糖果。闭上眼睛，随便从一个盒子里取出一份点心，发现取出的是饼干。那么，盒子里剩下的另一份点心是饼干的概率与是糖果的概率，哪个比较大呢？

另一份点心是饼干的概率比较大，是糖果概率的 2 倍。

如图所示，最初拿到的饼干可能是①或②或③，由于是随机拿取，它们的概率都相同。如果是①或②，那下一次一定是饼干。如果是③，下一次就是糖果了，两者的概率是 2:1。装有两个糖果的盒子不需要考虑。

40 | 算术棋盘

下列格子里，所有空白处都是一个 1~9 之间的数字。你的任务是把适当的数字填入，使得横向的 4 个算式和纵向的 4 个算式都成立。试试看吧！

注：所有算式都按照从左往右或从上往下的顺序计算，不用考虑运算的优先级。

6	×	3	÷		=	9
+	■	+	■	×	■	+
	+		÷	4	=	
−	■	−	■	÷	■	÷
	−	5	×	2	=	
=	■	=	■	=	■	=
7	−		−		=	

如图所示。

容易算出第一行空格的数字是 2，第四行第三列的数字是 4。于是第四行剩下的两个空格数字之和为 3，那么只能是一个 1，一个 2。看第四列的算式，9 加上一个数之后再除以一个数，结果一定大于 1。所以第四行中第四列的数字只能是 2，第二列的数字是 1。

接下来可以得到第二行第二列的数字是 3。再看第一列，第三行的数字一定大于 5，否则在第三行的算式中减 5 会得到 0 或负数，所以第一列第二行的数字一定大于 6。接下来看第二行的算式，一个大于 6 的数字与 3 的和是 4 的倍数，这个数只能是 9。得到这个数之后，剩下几个空格的数字就很容易算出了。

6	×	3	÷	2	=	9
+		+		×		+
9	+	3	÷	4	=	3
−		−		÷		÷
8	−	5	×	2	=	6
=		=		=		=
7	−	1	−	4	=	2

41 循环填数

　　玩过填数游戏吗？你要从一些看似没有关联的数字中找出规律，才能填出下一个数字。下图给出的一组循环数字中就隐藏着某种规律，请你仔细观察，在问号处填上正确的数字吧！

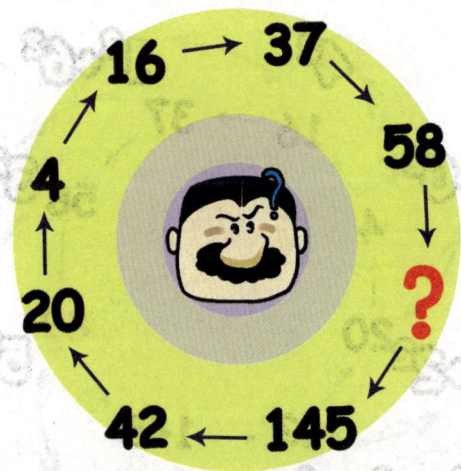

16 → 37
↗ ↘
4 58
↑ ↓
20 ?
↑ ↘
42 ← 145

89。

将每个数字的各个数位上的数分别平方再相加，就是下一个数。怎么样，你发现这个规律了吗？

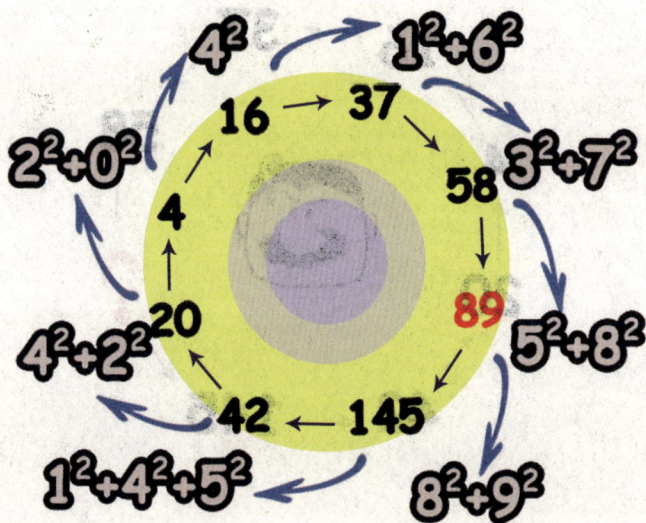

42 数独（6）

将数字填入每一个单元格内，使得这个包含 9×9 个单元格的区域中，每一行、每一列、每一个小九宫都包含 1~9 九个数字，不能重复。

6		4	7			2	1	
1	9				3			
2			9					
		3	8		7	5		
				6				
		6	5		4	7		
				9				8
		1					6	4
	7	1			8	9		5

📖 **提示** 数独的规则与常用解法请参考本书第 117 页的附录。

如图所示。

6	3	4	7	8	5	2	1	9
1	9	8	2	4	3	6	5	7
2	5	7	9	1	6	4	8	3
9	1	3	8	2	7	5	4	6
7	4	5	3	6	1	8	9	2
8	2	6	5	9	4	7	3	1
3	6	2	4	5	9	1	7	8
5	8	9	1	7	2	3	6	4
4	7	1	6	3	8	9	2	5

43 | 边长计算

如下图所示，ABCD 是一个正方形，边长为 4，DEFG 是一个长方形，其中一条边 DG=5。现在要求另一条边 DE 的长度。你能求出来吗？

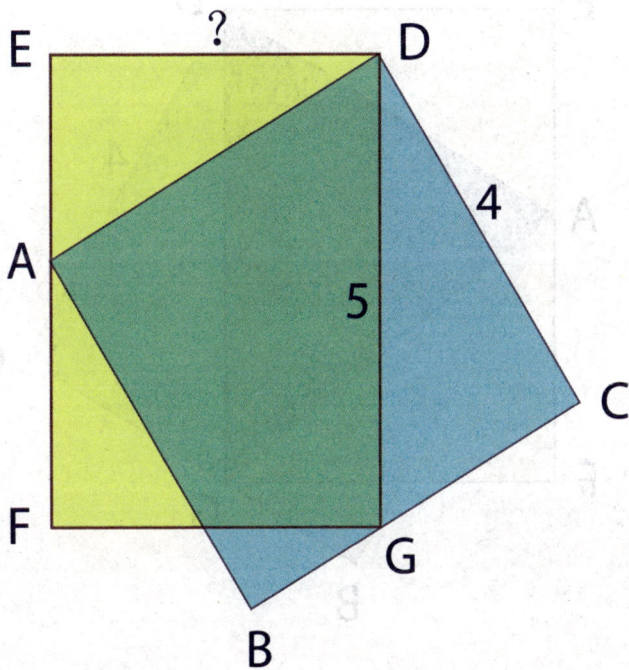

连接 AG，根据正方形和长方形的性质，三角形 ADG 的面积既是正方形 ABCD 面积的一半，又是矩形 DEFG 面积的一半，可见正方形和矩形的面积是相等的。既然正方形的面积是 4×4=16，矩形的一边长是 5，另一边就是 16÷5=3.2 了。

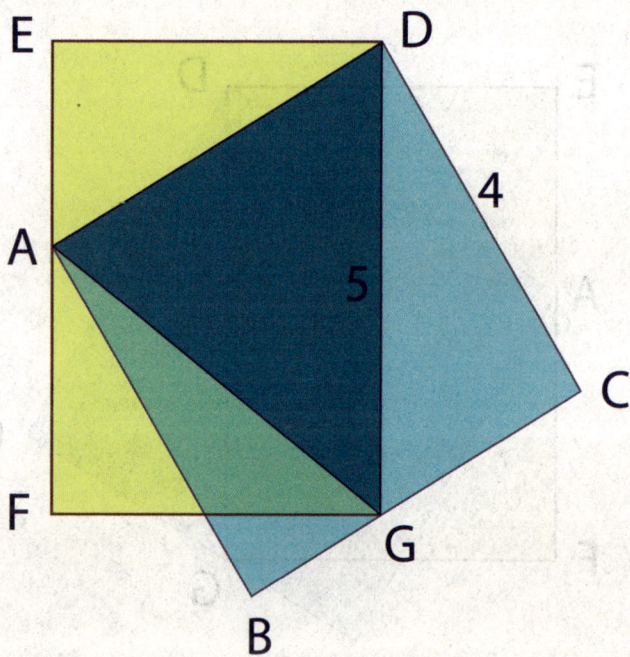

44 改变选择吗

在一个抽奖节目中，你需要在 A、B、C 三扇关闭的门之中选择一扇。已知其中一扇门后有一辆小汽车，另外两扇门后则空空如也。如果你选中了汽车，它将成为你的奖品。当你选定一扇门之后，主持人打开了另外一扇门，里面是空的。当然，主持人是知道汽车在哪一扇门里的，且一定会打开一扇空门。此时再给你一次选择门的机会，请问你要不要改变最初的选择？

应该改变选择。

假设你选择的门为 A，门后有汽车的概率是 1/3，没有汽车的概率是 2/3，之后主持人打开一扇空门(假设为 B 门)。A 门后有汽车的概率仍然等于 1/3(打开空门为确定事件，并不影响此概率)，没有汽车的概率为 2/3，而此时汽车要么在 A 门后，要么在 C 门后，所以 C 门后有汽车的概率为 2/3（等于 A 门后没有汽车的概率），因此你应该改变选择。

再补充说明一下，这道题如果稍微改变一下条件，结果就会完全不一样：依然是刚才的节目，当你选定一扇门之后，主持人打开了另外一扇门，里面是空的。不过这里不同的是，主持人也不知道汽车在哪扇门后，开的门是随机的，只是碰巧是空门而已。此时再给你一次选择门的机会，请问你要不要改变最初的选择？

在这种情况下，改不改变选择都是一样。由于主持人开的门也是随机选择，因此剩下的两扇门无论选哪扇，中奖概率都是一样的。这就跟抽签是一个道理，无论先抽还是后抽，抽中的概率都是一样的。可以这样分析：假设你选了 A 门，主持人打开了 B 门，会有两种情况：① B 门内有车，那么游戏结束，此事件发生的概率为 1/3；② B 门内没有车(概率为 2/3)，在此前提下，车在 A 门内和在 C 门内的概率都是一样的，都是 1/2，总的发生概率是 2/3×1/2=1/3。所以无论选哪扇门都一样。

45 数字金字塔（2）

这是又一个数字金字塔的谜题，不过比之前的题目要困难一些。金字塔中的每个数字都是下一层相邻两个数字之和，图中已经给出了一些已知的数字，你能根据它们计算出其他空格里的数字，把这座金字塔补充完整吗？试试看吧！

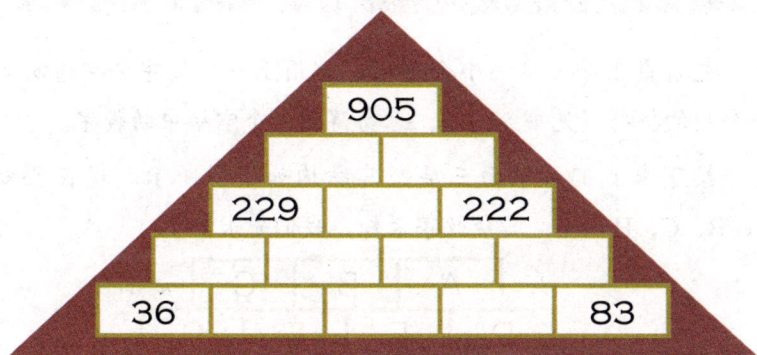

如下图所示。

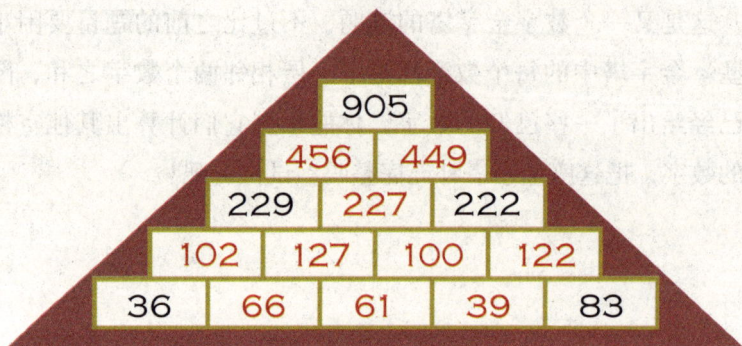

先看最上面三层的小金字塔，利用上一个数字金字塔游戏中介绍的技巧（见第52页），容易得到三个空格中的数字。

接下来我们看下面三层，其结构如下图所示。现在已知 A、B、C、H 和 L，其余数字未知，我们先求出 J。

因为 $A=D+E=H+2I+J$，$C=F+G=J+2K+L$，$B=E+F=I+2J+K$，根据这三个式子，可得：$J=(H+L+2B-A-C)\div 2$。

根据以上式子求出 J 以后，再利用之前的技巧，其余的数字就容易得到了。

46 旗子的设计方案

美术老师给同学们留了一道设计旗子的作业。如果将白色的旗子纵向分成三个区域，只使用红、绿、蓝三种颜色的颜料给旗子上色，要求一块区域只能上一种颜色，相邻的两块区域颜色不能相同，且分割线的位置不变。那么，一共能有多少种设计方案呢？

36 种。

　　旗子也可以不上色保持白色，所以一共是红、绿、蓝、白四种颜色。如图所示，当第一个区域是红色时，一共有 9 种设计方案。同理，其他颜色作为第一个区域的颜色时也是 9 种方案，即一共有 9×4=36 种设计方案。

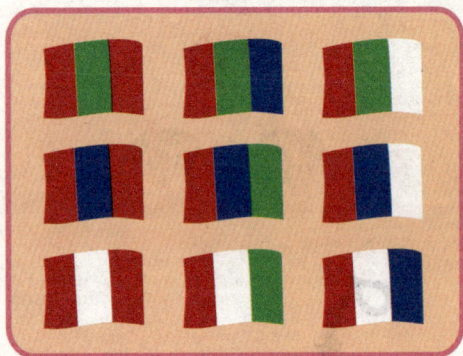

× 4 = 36

47 数独（7）

将数字填入每一个单元格内，使得这个包含 9×9 个单元格的区域中，每一行、每一列、每一个小九宫都包含 1~9 九个数字，不能重复。

		8	7		3			
	7		6			4	9	
							1	7
				1		3		8
5		9		3				
3	4							
	1	2			9		5	
		8		4	1			

提示 数独的规则与常用解法请参考本书第 117 页的附录。

如图所示。

1	9	8	7	4	3	6	2	5
2	7	5	6	8	1	4	9	3
4	6	3	5	9	2	8	1	7
7	2	4	9	1	5	3	6	8
6	3	1	2	7	8	5	4	9
5	8	9	4	3	6	2	7	1
3	4	6	1	5	7	9	8	2
8	1	2	3	6	9	7	5	4
9	5	7	8	2	4	1	3	6

48 最后剩下几号

编号为 1~50 号的 50 名运动员按顺序排成一排，教练下令让单号的运动员出列。剩下的运动员按顺序重新编号，然后单号运动员再出列……如此下去，直到最后只剩下一个人。请问他原来是几号运动员？

如果教练每次都让双号运动员出列，最后剩下的又是几号运动员？

如果每次单号运动员出列，那最后剩下的是 32 号运动员；如果每次都让双号运动员出列，那最后剩下的是 1 号运动员。

用倒推法来思考这个问题。单号运动员出列时，教练要下 5 次令，最后只剩下 1 个人。此人在下第 5 次令之前，一定编号为 2；在下第 4 次令之前编号为 4；在下第 3 次令之前编号为 8；在下第 2 次令之前编号为 16；在下第 1 次令之前编号为 32。即最后剩下的是 32 号运动员。

双号运动员出列时，编号为 1 的运动员无论如何也不会出列，所以最后剩下的是 1 号运动员。

49 数字魔术

　　这是一个可以给小伙伴表演的小魔术，首先准备 5 张卡片，每张卡片按下图所示写上 16 个数字。让你的小伙伴心里默默地想一个数，这个数不能超过 31。然后你可以对他说："只要你说出哪几张卡片有你想的这个数字，我就能猜出你想的数字是多少。"你知道这是怎么办到的吗？这些卡片又是怎么制作出来的呢？

1	9	17	25
3	11	19	27
5	13	21	29
7	15	23	31

A

2	9	17	25
3	11	19	27
6	13	21	29
7	15	23	31

B

4	12	20	28
5	13	21	29
6	14	22	30
7	15	23	31

C

1	9	17	25
3	11	19	27
5	13	21	29
7	15	23	31

D

16	20	24	28
17	21	25	29
18	22	26	30
19	23	27	31

E

卡片 A 代表 1，B 代表 2，C 代表 4，D 代表 8，E 代表 16。表演魔术时，小伙伴告诉你他想的数在哪几张卡片里有，就把这些卡片代表的数字相加，结果就是这个数。例如，一个数在 A、C、D 中有，只要把 A、C、D 代表的数字 1、4、8 相加，即可知道这个数是 13。

这些卡片的制作方法是：将 1~31 这些数，都表示为二进制，也就是写成若干 2^n 的和，例如：$13=2^0+2^2+2^3$。含有 2^0（等于 1）项的数，放在 A 卡中；含有 2^1（等于 2）项的数，放在 B 卡中；含有 2^2（等于 4）项的数，放在 C 卡中；含有 2^3（等于 8）项的数，放在 D 卡中；含有 2^4（等于 16）项的数，放在 E 卡中。这样就制成了这 5 张卡片，只要知道一个数在哪些表中出现，将这些表代表的数字相加，就能还原这个数了。

50 | 穿过的小方格

一个大长方形等分成了 15×9 共 135 个相同的小方格，如下图所示，一束激光从大长方形的右上角照射到左下角。

不用数，你能算出激光共穿过了几个小方格吗？

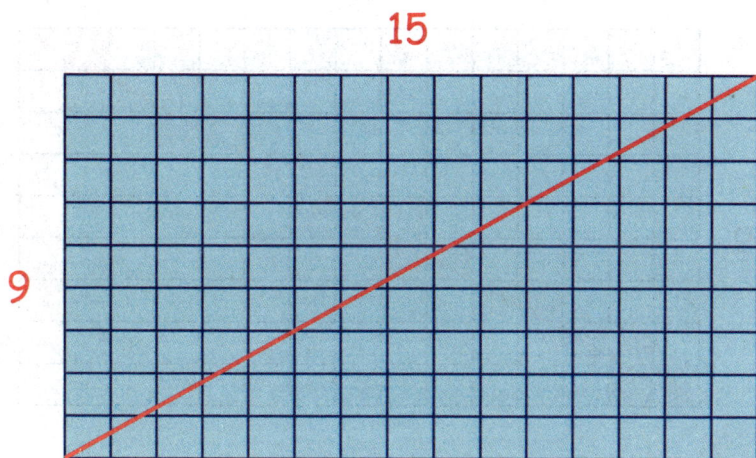

15

9

共穿过了 21 个小方格。

一般而言，激光穿过的格子数目等于两条边上的方格数目之和再减去这两个数目的最大公约数。即 15+9−3＝21。

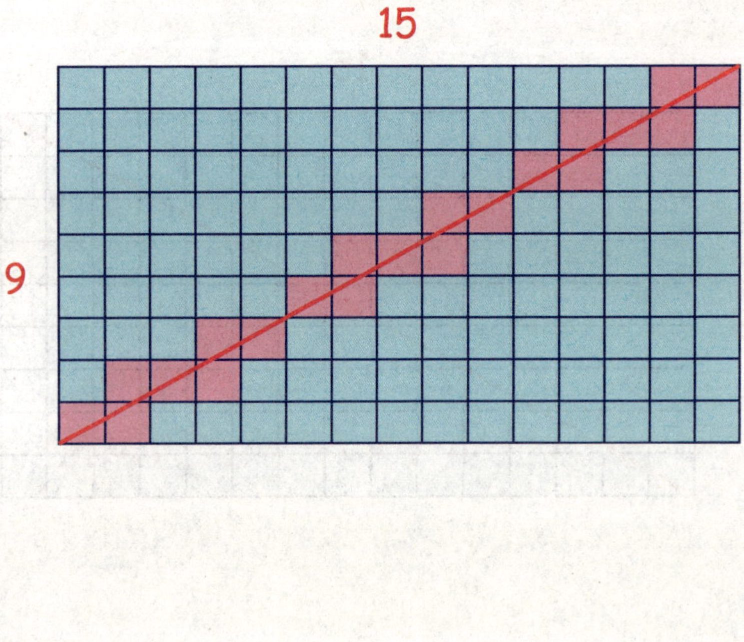

15

9

51 | 24 点游戏（3）

24 点游戏的规则是用 4 张牌上的数字（A 代表 1，J 代表 11，Q 代表 12，K 代表 13，如果是初学者也可只用 1 ~ 10 这 40 张牌），通过加、减、乘、除（可加括号）的运算，得到数字 24，每张牌必须用一次。

以下是三道难度较高的 24 点题目，如果能完成它们，说明你已经是一个 24 点游戏高手啦！当然除了计算准确，速度也很重要。为了提高速度，你可以自己用扑克牌练习，也可以小伙伴们一起比赛，看谁算得快。

(1)

(2)

(3)

（1）（13+9)÷11×12=24。

（2）5×9−8−13=24。

（3）5×(5−1÷5)=24。

注：答案并不唯一，此处仅给出一种供读者参考。

52 运动服上的号码

　　小明参加学校的运动会，他的运动服上的号码是个四位数。有一次，他把运动服上下颠倒来看，发现号码变成了另外一个四位数，这个数比原来的号码要大"7875"。你知道小明运动服上的号码是多少吗？

1986。

颠倒以后仍然是数字的数字只有 0、1、6、8、9，颠倒后的数字分别为 0、1、9、8、6。

0 1 6 8 9
↓ ↓ ↓ ↓ ↓
0 1 9 8 6

设原四位数为 ABCD，颠倒以后的四位数为 dcba。

```
  d c b a
- A B C D
---------
  7 8 7 5
```

因为差的千位是 7，所以只有 d 可能为 8 或 9，A=1，于是 a=1。再由差的个位是 5，可知 D=6，于是 d=9。

```
  9 c b 1
- 1 B C 6
---------
  7 8 7 5
```

差的十位是 7，因为个位向十位有借位，所以 b–C=8（向百位无借位），或者 b+10–C=8（向百位有借位），即 C–b=2。若 b–C=8，则只能 b=8，C=0，于是 B=8，c=0，但是这样相减的结果是 7275，与题设不符。若 C–b=2，则只能 C=8，b=6，于是 c=8，B=9，相减的结果是 7875，与题设相符。

```
  9 0 8 1          9 8 6 1
- 1 8 0 6        - 1 9 8 6
---------        ---------
  7 2 7 5  ✗       7 8 7 5  ✓
```

所以小明运动服上的号码是 1986，颠倒以后变成 9861，比原数大了 7875。

53 骰子赌局

　　有一种赌博方式很简单：赌桌上画着分别标有 1、2、3、4、5、6 的 6 个方格，参赌者可以把钱押在任意 1 个方格，作为赌注，钱多钱少随意。然后庄家掷出 3 个骰子，如果有骰子的点数与你押的方块的数字相同，你就可以拿回你的赌注，并且，有几枚骰子的点数与你所押方格的数字相同，你就可以从庄家那里赢得几倍于赌注的钱。当然，如果每个骰子都不是你所押的数字，赌注就被庄家拿走。

　　举例来说，假设你在 3 号方格押了 1 元钱。如果有 1 个骰子掷出来是 3，你就可以拿回你的 1 元钱并另外得到 1 元钱；如果 2 个骰子是 3，你就可以拿回你的 1 元钱并另外得到 2 元钱；如果 3 个骰子都是 3，你就可以拿回你的 1 元钱另外得到 3 元钱。

　　参赌者可能会想：我所押的数字被一个骰子掷出的概率是 1/6，因为有 3 个骰子，所以概率为 3/6，也就是 1/2，所以这个赌局是公平的。

　　聪明的你现在来想一想，这个赌局真的公平吗？如果不是，那么是对庄家有利还是对参赌者有利呢？

不公平，赌局对庄家有利。

3 个骰子可以掷出来的结果有 6×6×6=216 种，它们的可能性均等。任取一个数字，例如 1，出现一个 1 的可能性为：

3×1/6×5/6×5/6=75/216，

出现两个 1 的可能性为：3×1/6×1/6×5/6=15/216，

出现三个 1 的可能性为：1/6×1/6×1/6=1/216。

所以在 216 次中赢的概率为 91/216，输的概率是 125/216。因为每次得到的钱不一样，也就是说有 75 次赢 1 元，15 次赢 2 元，1 次赢 3 元，一共可以赢 75+30+3=108 元。而将要输掉 125 元。

所以赌局是对庄家有利的。

54 亮着的灯泡

过道里依次挂着标号是 1，2，3，…，100 的电灯泡。一开始它们都是灭的。当第 1 个人走过时，他将标号为 1 的倍数的电灯泡的开关线都拉了一下；当第 2 个人走过时，他将标号为 2 的倍数的电灯泡的开关线都拉了一下；当第 3 个人走过时，他将标号为 3 的倍数的电灯泡的开关线都拉了一下……如此进行下去，当第 100 个人走过时，他将标号为 100 的倍数的电灯泡的开关线拉了一下。那么当第 100 个人走过后，过道里哪些电灯泡是亮着的呢？

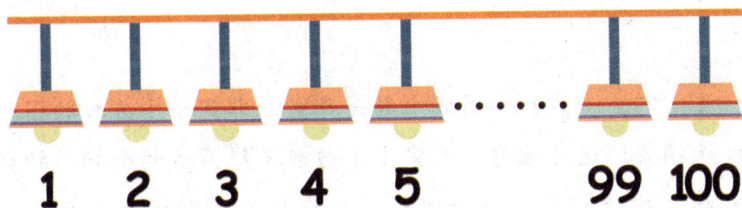

100 个人走过后，电灯泡开关线拉过的次数，等于它标号的所有因数的个数。拉过奇数次的电灯泡是亮着的，拉过偶数次的电灯泡是灭的。例如，标号为 10 的电灯泡，10 的因数有：1、2、5、10，所以它分别被第 1、2、5、10 个人拉过，一共是 4 次，最后它是灭的。因为只有完全平方数的因数个数是奇数个，所以标号是完全平方数的灯是亮着的，即 1，4，9，16，25，36，49，64，81，100。其余都是灭的。

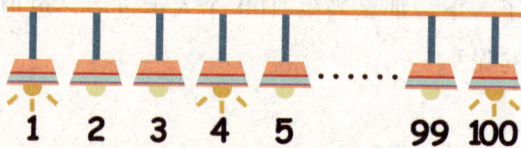

1 2 3 4 5 ...... 99 100

注：完全平方数的因数个数是奇数，非完全平方数的因数个数是偶数。这是因为，非完全平方数不能写成两个相同的数的乘积，所以它的因数一定是成对出现的，即因数个数是偶数。而完全平方数可以写成两个相同的数的乘积，除了这个数以外，其他因数也是成对出现的，所以它的因数个数是奇数。如下面的例子：

数字	因数	因数个数
15	1、3、5、15	偶数
16（完全平方数）	1、2、4、8、16	奇数
17	1、17	偶数
18	1、2、3、6、9、18	偶数

55 数独（8）

将数字填入每一个单元格内，使得这个包含 9×9 个单元格的区域中，每一行、每一列、每一个小九宫都包含 1~9 九个数字，不能重复。

9				2			7	6
	3							2
		7	1				5	
6			5	1				
2				6				8
			8	3				4
	4				5	2		
8							4	
7	9			4				1

提示 数独的规则与常用解法请参考本书第 117 页的附录。

如图所示。

9	5	8	3	2	4	1	7	6
1	3	6	8	5	7	4	9	2
4	2	7	1	9	6	8	5	3
6	8	4	5	1	2	9	3	7
2	7	3	4	6	9	5	1	8
5	1	9	7	8	3	6	2	4
3	4	1	6	7	5	2	8	9
8	6	2	9	3	1	7	4	5
7	9	5	2	4	8	3	6	1

56 | 字母加法

在外上学的汤姆又写信向家里要钱了，收到的回信上写着：如果你能解开这个谜题的话，我们就给你寄更多的钱，SEND+MORE=MONEY（意为：寄更多的钱）。已知等式中每一个字母代表 0~9 中的一个数字，不同的字母代表的数字不同。你能帮助汤姆破解这个等式，找出每个字母代表的数字吗？

$$
\begin{array}{r}
\text{SEND} \\
+ \quad \text{MORE} \\
\hline
\text{MONEY}
\end{array}
$$

9567+1085=10652。

我们先看万位（左边第 1 列），两
个加数都没有万位，和的万位 M 只能
来自千位的进位，两个数的加法进位只
能是 1，所以 M=1。

$$
\begin{array}{r}
\mathrm{SEND} \\
+\ \mathrm{MORE} \\
\hline
\mathrm{MONEY}
\end{array}
$$

看千位，加数是 S 和 1（M），和是 O，由于向万位进1，O 只
能是 0 或 1，又 O≠M=1，所以 O=0。

再看百位，加数是 E 和 0（O），和是 N，由于 N≠O=0，所以
向千位没有进位，再返回去看千位可得 S=9。又 E≠N，所以百位有
来自十位的进1，所以 N=E+1（N 比 E 大 1）。

再看十位，加数是 N 和 R，和是 E，向百位进1，因为 N 比 E
大 1，所以要么 R=9，没有来自个位的进位；要么 R=8，有来自个
位的进 1。由于 S=9，第一种情况可以排除，只能 R=8，有来自个
位的进 1。

最后看个位，加数是 D 和 E，和是 Y，向十位进1。由于已经
有代表8和9的字母了，D 和 E 最大取到7和6，也就是说 Y 最大
等于 3，又因为代表 0 和 1 的字母也有了，所以 Y 只能取 2 或者
3。如果 Y=3，D 和 E 只能是在 6 和 7 中各取一个，但是 N=E+1，
无论 E 取 6 还是 7，都会产生矛盾（E=6 的话，D=7，N=E+1=7，
矛盾；E=7 的话，N=E+1=8，与 R=8 矛盾）。所以 Y=2，此时 D
和 E 在 5 和 7 中各取一个，E 不能取 7，否则 N=E+1=8，与 R=8 矛
盾。所以只能 E=5，D=7。而 N=E+1=6。

所以最后的式子为：

$$
\begin{array}{r}
9567 \\
+\ 1085 \\
\hline
10652
\end{array}
$$

57 丢失机票的乘客

　　一架客机上有 100 个座位，100 个人排队依次登机。第一个乘客机票丢了，但他仍被允许登机，由于他不知道他的座位在哪儿，就随机选了一个座位坐下。以后每一个乘客登机时，如果自己的座位是空着的，那么就坐下，否则，就随机选一个仍然空着的座位坐下。请问，最后一个人登机时发现唯一剩下的空位正好是自己的，其概率是多少？

当最后一个乘客登机时，最后一个空位要么是他的，要么是第一个乘客的（这是因为，除他们两人外的其他任何一个乘客登机之后，要么坐在自己的座位上，要么自己的座位已经有人了，不管是哪种情况，该名乘客的座位都不可能空着）。由于每个乘客要么坐自己的座位，要么随机选择，选到第一人的座位和最后一个人的座位的概率相等，所以这两个位置成为最后一个空位的概率也是相等的。也就是说，最后一个人发现剩下的空位正好是他的座位的概率为50%。

X_1

X_{100}

1 : 1

58 坏掉的像素点

电子公告板上的式子原本是正确的，只是因为有一个像素点坏了，才显示出如图所示的错误结果。请仔细观察，你能看出是哪一个像素点坏了吗?

$$(71+1)\cdot(71-1)=71$$

提示 坏掉的像素点有可能是暗点（一直不亮）或者亮点（一直亮着）。

　　最右边的数字"1"从下往上数第 2 个像素点是坏点（亮点）。正确的式子应该是：(71+1)·(71−1)=7!，都等于 5040。

　　注："!"是阶乘运算，n!=n×(n−1)×(n−2)×⋯×2×1。例如：7!=7×6×5×4×3×2×1=5040。

附录 数独的规则与常用解法

数独的元素

单元格：数独中最小的方格，一个单元格对应一个数字，9×9 一共 81 个方格构成了一个标准的数独方阵。

行：数独中一组横向排列的单元格的集合。数独中包含 9 个行，每行有 9 个单元格。

列：数独中一组纵向排列的单元格的集合。数独中包含 9 个列，每列有 9 个单元格。

宫：数独中用粗线框出的一组单元格的集合，也叫小九宫。数独中包含 9 个宫，每个宫包含 3×3 共 9 个单元格。

区：行、列、宫统称为区。数独中包含 27 个区，即 9 个行、9 个列、9 个宫。

数独的规则

以数独题目中的已知数作为推测线索，在每一个单元格内填入数字。使得数独中的每一行、每一列、每一宫都不重复地包含 1~9 九个数字。

数独的常用解法

1. 单区唯一法

当行、列或宫中已有 8 个数字时，剩余的第 9 个数字可以直接填入剩下的一个单元格中。

如下图为数独中的某一行：

3	9	2	**?**	8	7	4	1	5

此行中已有 1、2、3、4、5、7、8、9 八个数字，只剩余 6 一个数字，因此可以在 **?** 的单元格内填入数字6。

单区唯一法是最简单的技巧，一般在解题的中后盘阶段使用。

2. 简单排除法

如果行（列）中已经出现了某个数字，则该行（列）的其他单元格内就不能填入该数字。在与该行相交的宫内，可以用排除法来确定宫内应该填入该数字的单元格。

我们先介绍比较简单的单行（列）排除法，如下图所示：

数字 2 所在的行中的其他单元格内不可能再出现 2，因此在右侧的宫中，排除掉中间的三个单元格，只能在 **?** 的单元格内填入数字2。

还可以利用多个行或列来排除宫内的单元格，从而确定宫内应该填入数字的单元格。如右图所示的数独，利用 7 列、9 列、5 行中的三个数字 5，在 6 宫中排除单元格，图中灰色的单元格都不能再填 5，由此可以确定 **?** 的单元格应该填入数字5。

简单排除法是最常用的技巧，解题效率很高，应当优先考虑。

3. 单元排除法

简单排除法是利用行或列中的数字排除宫中的单元格。除此之外，我们也可以用其他区（行、列或宫）的数字排除行或列中的单元格，来确定数字在行或列中的位置，我们称之为单元排除法。

我们来看下图所示的数独，利用 2 列、6 列、9 列中的三个数字 8，在 5 行中排除单元格，可以确定数字 8 应该填入 **?** 的单元格。

再来看一个单元排除法的例子。如下图所示的数独，利用 2 列、5 宫中的两个数字 1，在 5 行中排除相应的单元格，可以确定数字 1 应该填入**?**的单元格。

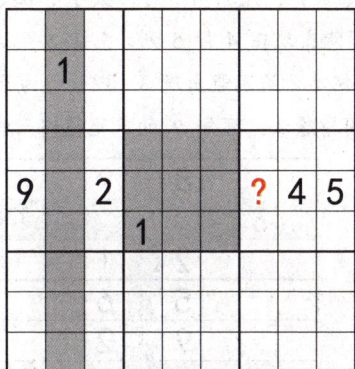

单元排除法也是数独中的常用技巧，在很多题目中都会用到，应当灵活掌握。

4.多区唯一法

如果与某一个单元格同行、同列或同宫的其他单元格内已经出现了 8 个不同的数字，那么就可以确定这个单元格只能填入剩下的第 9 个数字。

如下图所示的数独，❓ 的单元格所在的行、列、宫中已经出现了 1、2、3、4、5、6、8、9 八个数字，所以此单元格只能填入数字 7。

多区唯一法解题比较费时间，建议大家在排除法派不上用场时使用。

5.区块排除法

先利用简单排除法来确定某一个区块内含有某个数字，再以此作为条件，配合其他的数字或含有数字的区块，利用排除法，推理出未知数字。

例如下图所示的数独，先利用 6 行的数字 3 在 5 宫中排除单元格，可知在 5 宫中 3 只可能出现在 4 行 5 列、5 行 5 列这两个单元格的其中之一。所以 5 列的其他单元格不能出现 3，以此作为条件，再配合 2 行的数字 3，在 2 宫中利用排除法，可知 ❓ 的单元格内只能填入数字 3。

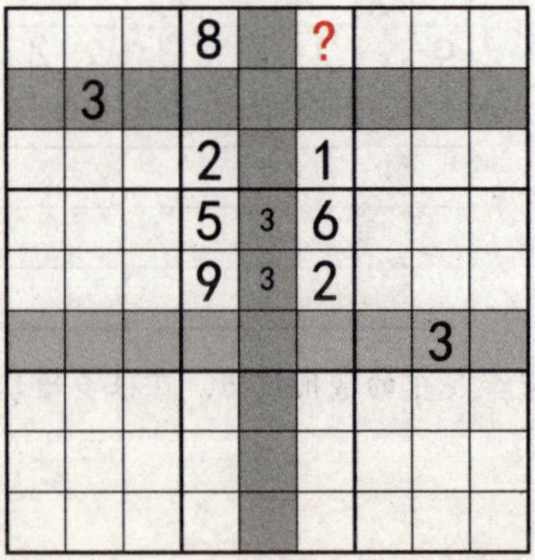